流麻溝十五號

UNTOLD HERSTORY

蠢羊 作

目錄

說台灣故事，湠向全世界！

姚文智（湠臺灣電影公司出品人）

《流麻溝十五號》是部改編自同名口述歷史、關於一九五〇年代綠島女性政治犯的電影，同時也是漫畫。

透過一群女性思想犯的視角，望向困囿著她們的青春年華，她們奮勇求生、抵抗，彼此在絕境中扶持，共盼自由的到來。

她們之中，有的是無涉政治遭受牽連的清純少女，有的卻是燃燒生命的革命信仰者，時代洪流、威權壓迫與命運交織，讓她們在《流麻溝十五號》留下斑斑血淚。

透過這部電影或漫畫，將這段白色恐怖歷史留存，讓更多台灣人都能直視過去，看見台灣經歷的苦難，看見民主的來之不易。

「說台灣故事，湠向全世界」！這是我選擇投入影視產業的初衷，而各種創作形式如漫畫、動畫、攝影、遊戲……均可相互援引，豐富格局與內容，讓台灣故事更加精彩動人。

感謝蠶羊在電影拍攝的同步，埋首於這本漫畫的創作，我們一起用新時代的創作，向過去承受苦難、因之引領台灣走向自由的前輩們致敬。

淡臺灣電影公司出品人姚文智。

副總統賴清德、導演周美玲、監製張永昌、攝影家謝三泰、原著作者曹欽榮、出品人姚文智，拍攝於女生分隊片場。

紀錄下《流麻溝十五號》電影開拍時的情境。

電影《流麻溝十五號》出品人姚文智、監製張永昌。

電影《流麻溝十五號》開鏡儀式。

電影《流麻溝十五號》殺青。

※淡臺灣電影提供

用漫畫訴說失語七十年的故事

張永昌（電影《流麻溝十五號》監製）

《流麻溝十五號》原著，是一本口述歷史紀錄的重要書籍，改編成電影是巨大工程，如何擴大分衆成為ＩＰ架構，跨域整合更多元的媒介閱讀，包括有別於過往的電影攝影書、漫畫以及沉浸式體驗形式等，來訴說這失語七十多年的故事。

其中漫畫出版品是送給年輕學子的一種重要形式，透過漫畫家蠢羊全新的敘事觀點，每個短篇章深刻的呈現受難者遭受威權侵擾的生命歷程，這八位女性思想犯，堅韌的活成自己本來該有的樣子，用不屈的意志激勵著後世。

曹欽榮先生已為這些歷史真相累積了豐厚的田調資料，更為漫畫創作化為一位領路者，使年輕的創作者能勇敢自在的說台灣故事。漫畫家蠢羊亦善於找出每個角色最動人的生命片段，將她們從只有編號的檔案文字中，還原成圖像，完成一部台灣重要的漫畫創作。

感謝漫畫家蠢羊的全心投入，用漫畫家的畫筆與視角訴說這八位女性的故事，歷史需要代代台灣人們替這片土地保存過去，在反覆地傾訴中釐清事實，閱讀《流麻溝十五號》這部漫畫，您會在這些堅毅的女性身上找到力量。

「過去」成為現在的創作動力

曹欽榮《流麻溝十五號》採訪紀錄者／人權文史工作者

從二〇〇一年夏天第一次陪同陳勤阿嬤到綠島女生分隊舊址採訪，內心種下將來要為她們好好紀錄，期待公開出版，讓她們以自己的聲音向社會大聲說話。沒想到跨越十二年，才得以出版《流麻溝十五號》。書出版後，陸續有各種借助口述內容的展演出現。各世代年輕創作者熱切連結歷史的感動，借助各種形式的創作，傳達給觀眾接近歷史的好奇心，似乎來到曙光初透的階段。

書出版後十年，與書同名的電影也將於二〇二二年底上映，電影超過一半的時間在綠島取景拍攝，在拍攝現場感受到劇組新世代認真工作的氣氛；電影說故事的「真實感動」，相信深藏在劇組的所有人身上。

電影還在改編劇本的過程中，「涙台灣」為了使電影更接近年輕人，構想著根據口述創作漫畫。與張導在台南第一次和創作者蠢羊見面，談了初步構想之後，和她聊了很多記錄口述的感想，期待她以創作者自主的精神，儘量發揮她的所思所想，自由揮筆。

蠢羊動筆畫草圖之前，團隊做足了功課，將期待的人物用最動人、精簡的方式，以對話、漫畫表達創作者心中真切的感受，表現阿嬤「自己的聲音」。漫畫和電影現場的攝影書，推進我們的民主社會認識歷史的看法，是否深思熟慮的挑戰。

口述書雖已紀錄相當多註解，還不足以讓我們聽見每一位阿嬤的聲音。這本漫畫生動故事，引領讀者，向無數受苦的阿嬤致敬。今天自由的台灣社會從何而來？漫畫導引大家，值得推薦。

曹欽榮分享白色恐怖故事。

《流麻溝十五號》電影，於綠島拍攝現場。

綠島公館村獨立書店擺置監獄遺址相關書籍。

張常美阿嬤（左）探望黃秋爽阿嬤（右）留影。

青年人權體驗營學員至綠島監獄遺址的13中隊致敬！

※曹欽榮攝影及提供

在貝殼上獨舞

鏘
呼ー
呼ー
蔡焜霖，你再多搬一趟。
搬完就去菜園拔草。
呼ー
真是…
被抓來火燒島關幾個月了，整天都得幹粗活。
人不操壞也都給悶壞了。

欸，等一下要不要再去游泳？
又游？你是罰不怕喔！
上次就是被逮到我們才會被罰多搬好幾趟石頭啊！
唉，不然真的太無聊了，
除了幹活以外整天關在房裡什麼都不能做⋯⋯
就算叫我去畫壁報，也都是歌頌國民黨，
書也只能看三民主義這種的⋯⋯
忠黨
好無聊啊！要瘋掉啦！
你小聲點啦被別人聽到打小報告怎麼辦！
今天晚上團康時間不是說有表演可以看嗎？

表演，說好聽的你也信！
說什麼給我們坐牢的福利…
還不是我們難友自己準備，自己來。
叫我們去練樂隊，當表演配樂
畫宣傳活動的海報，
甚至佈景也要我們做…
表演的人悶，看的人更悶啊！
你少抱怨，真的被打小報告就要去關碉堡了。
嘖。

啊今天要看什麼？
天曉得，大概又是反共救國神劇吧。
反正演再多也還不是丟了整個中…
啪
！

女人？
怎麼只有一個女的？
……
氣氛好像跟以前不太一樣？

那是種
很奇妙的
感覺
跟我知道的
國標舞、表演
舞都不一樣
是我從沒
看過的舞，
我卻完全
移不開目光

她的每次跳躍，
身軀擺動
都是那樣充滿
生命的韻律，

啊！多麼羨慕！
彷彿身體全部被解放了——
不再受到牢獄的枷鎖箝制，
以身體對這世界發出吶喊——

我……
我的靈魂也渴望
跟她一起跳躍……
——渴望自由。

嘩！
嘩！
嘩！
嘩！
唉⋯⋯
結果看了表演後更難過了⋯⋯
好想哭啊
你足三八，那個女生很漂亮欸！
伊叫什麼名字？
好像在哪看過⋯⋯
咦，那不是⋯⋯
啊，我想起來了！

她就是蔡瑞月啦！

01 蔡瑞月

蔡瑞月（一九二一年～二〇〇五年），台南人，台灣舞蹈家，也是台灣現代舞先驅。

她畢業於台南第二高等女校，隨後赴日就讀舞蹈家石井漠的舞蹈體育專科學校。一九四五年二戰結束前，蔡瑞月隨舞蹈團前往越南、新加坡、馬來亞、緬甸及日本各大城市演出，累積上千場以上的表演經驗。一九四七年，在台北市中山堂表演，轟動台灣藝術文化圈，同年，與台大法學院副教授，也是詩人的雷石榆結婚，婚後，兩人定居台北中山北路二段四十八巷的一幢日式宿舍，並育有一子。

二二八事件爆發後，許多政治菁英、地方仕紳、社會賢達陸續慘遭中華民國政府殺害，社會與政治情勢動盪不安。隔年，台大爆發教授解聘潮，雷石榆牽連其中。夫婦兩人決定要離開台灣，雷石榆旋即被以匪諜罪名驅逐出境，蔡瑞月隨後也被逮捕，判感訓三年，囚禁綠島一年多。

一九五一年五月起，大批女性思想政治犯陸續被移往綠島「台灣省保安司令部新生訓導處」關押，蔡瑞月即爲其中一人。蔡瑞月配合官方指導政治犯舞蹈表演活動，直到一九五三年釋放爲止。在綠島期間，蔡瑞月常去燕子洞，她會去那邊排舞、撿貝殼、吹海風、思念故鄉及家人。在綠島撿拾貝殼成了蔡瑞月於牢獄生活中唯一的美麗回憶，蔡瑞月在可以出獄返家時，曾問獄卒爲什麼要抓她，獄卒只告訴她：「思想動搖」。

出獄後的蔡瑞月，繼續從事舞蹈教學、創作與演出，並且開設舞蹈社，教導、培育許多年輕舞者，極盛時期學生達到三、四百人。因國民政府的禁令，蔡瑞月無法出國演出，但仍有許多戲院、學校、醫院與各式活動場合，邀請舞蹈社去演出，並時常與各國舞蹈家交流。爲杜絕政府監控與干擾，她只好將舞蹈社正式立案，並更名爲「中華舞蹈社」。

在長期白色恐怖陰影之下，中華民國政府及國民黨文工會數次介入干預演出，以及在鉅額罰款及打壓創作自由下，最終於一九八三年，蔡瑞月決定與兒子一同移居至澳洲。

一九九四年「中華舞蹈社」面臨拆除危機，文化界與藝術界自主性發起抗爭，成功留下舞蹈社，並成爲市定古蹟。一九九九年，眾人邀請蔡瑞月返台，重建昔日舞作的前夕，舞蹈社在半夜遭人惡意縱火；一夕之間整間日式古宅付之一炬，許多珍貴史料、手冊、舞譜與照片慘遭祝融吞噬。

年邁的蔡瑞月站在焦黑且斷垣殘壁的舞蹈社前，她顫抖的說：「失去舞蹈社，我好像失去了一位女兒！」

二〇〇〇年，蔡瑞月開始著手進行一連串舞作的重建工作，頻繁往返台灣與澳洲兩地。二〇〇五年，她因心臟病發，逝世於澳洲，結束了她熱愛舞蹈，傳奇且曲折的一生。

舞蹈社歷經七年整修重建，於二〇〇七年開幕，成爲現今的「玫瑰古蹟—蔡瑞月舞蹈研究社」。

大樹下的明信片

啊啊好熱喔…
快要死掉掉了…這種天氣上什麼體育課…
大家也太厲害了…
呀啊！
老師我知道錯了…?!

欸？
什麼啊是紙喔。
沙
廣告單？
從哪被吹來的啊？
不對，好像是明信片的樣子…

背後有寫東西嗎？
咦，雙面的？
這髮型也太有年代感了吧…
髮夾…
而且她們穿的是制服嗎？又好像工作服…
哇高腰褲！

不過大海跟懷舊少女是有什麼關聯性嗎？
?!
咦？剛剛不是這個圖案吧？
海呢？怎麼變大通鋪了？
難道…
……

沙
果然又…
每翻一次，就會變換成另一張照片嗎…
看起來是同個人的視角，但這張明信片到底是…？
它想讓我看什麼？

好想看但又覺得怪怪的…
…哎呀就只是一張明信片而已嘛！
看看而已總不會發生什麼事吧！
說不定是什麼高科技紙產品試用實境秀呢！
旁邊有人躲在草叢裡拍我的反應這樣～
啊，是總統府，場景是台北對吧？
台灣警備總司令部軍法處

一群女生穿著制服共同生活……很像我們南女呢。
坐在地上吃飯太可憐了吧？
不過她們沒有讀書，後面的…是教官嗎？

誰？這個人穿的衣服怎麼不一樣？

欸，等等⋯
畫風好像驟變了？
人怎麼好像變少了？
又出現啦！穿不同衣服的女人！
等等為什麼都看著我？
為什麼有一個小女孩在哭啊！
⋯⋯

妳在那裡做什麼！
咦?!
ＯＯＯ，特別接見！
現在立刻跟我走！
特別接…等等，真的是實境秀嗎？也太逼真了吧！
…不對！不是演戲吧?!
快點起來！
這些黑色的東西是哪來的？它正在吞掉我！

乖乖跟我走！
你幹嘛！
呀啊！
閉嘴！我揍妳啊！
混帳！兇屁啊！
臭婆娘！
好痛！放手啦！
可惡！
剛剛明信片中的人也是被穿著軍服的人帶走…
我打死妳！
要是被帶走了，雖然不知道會發生什麼事，但是…
一定不可以就這樣被帶走！
怎麼樣都好…誰來救救我！

耶？

妳……
水手制服？妳是誰？
那些人是誰？為什麼要帶走妳們？要帶去哪？
到底發生什麼事？
喂！
回答我啊！
學妹……
不要因為過去的黑暗而害怕。

學…？學姊…
噗呃！
找到妳了！我點名點半天都沒看到人！
竟然給我躲在這偷懶！
嗚哦哦好痛…
下次再翹課就跑操場！
嗚哦哦好痛…
妳也真是，偷懶竟然躲到這裡，我們找超久欸…
這裡很難找嗎？怎麼了？？
妳不知道？聽說這裡埋著死人的頭髮耶…

死人的頭髮？
對啊，聽說某個學姊的頭髮被埋在這棵樹下。
她真的是…！
學妹…
不要因為過去的黑暗而害怕。
…也不過是頭髮而已吧哪裡可怕。
體育老師都比較可怕
妳喔，神經也太大條了。
哪有，不然一撮頭髮有什麼好怕的，妳說看看？
是沒錯啦…
哼哼。
完

02 丁窈窕

丁窈窕（一九二七年～一九五六年），台南人，畢業於台南的第二高女，現今的台南女中。她被捕兩次，第一次曾經送到綠島。第二次，因認識錢靜芝等人，一九五四年以「台南市委會郵電支部案」被捕，囚禁於台北軍法處十九個月。

家中有十個兄弟姊妹，她排行老四，曾在台南郵電局工作，後調至台北郵電局。一九五一年時，認識了郭振純，他當時正在幫忙葉廷珪參選台南市長。丁、郭兩人因志趣相投相戀，但郭振純考慮到參與社會運動會拖累彼此，解除兩人婚約，丁窈窕選擇另嫁他人。

一九五四年，基隆郵電局職員陳興德被指控爲「匪諜」，而被傳訊，陳興德隨後承認他有說政府壞話，但那是他之前在台南服務，從吳麗水那裡聽來的。隨後爆發了「台南市委會郵電支部案」，以吳麗水爲首，因此又稱「吳麗水案」，共逮捕五十一人，十四人被判刑。吳麗水遭刑求逼供，供出之前燒毀檢舉信的事情。依據檔案所述，丁窈窕被控受錢靜芝指示，發展「匪黨外圍組織之青年民主協進會」，受命成立台南郵電支部（由省工委台南市工作委員會朱某領導），由吳麗水擔任書記，丁窈窕和雷水源分任組織及宣傳小組長。施水環則被指控參加該協進會和介紹兩名「匪犯」與丁窈窕聯絡。有研究者指出：「台南市委會郵電支部案」是杜撰且子虛烏有的鬧劇。

有一說源自於名爲王溪清的追求者，愛慕施水環，因爲施的好友丁窈窕勸施與王保持距離，王懷恨在心，又適巧看到丁窈窕桌上有「禁書」，於是從台南寄函到保安司令部，檢舉丁窈窕是「匪諜」。王先後寄了四、五封，都被郵電局職員吳麗水藉職務之便，截獲燒毀。隨後，基隆電信局職員陳興德被傳訊，陳咬出吳麗水，吳麗水無力承受酷刑，說出之前燒毀檢舉信，更牽扯出不相關的人等。吳麗水的供稱，和許多被迫供稱自己是共諜的人，彼此供詞都有落差，找不到所謂的組織根據地，也講不出每個人在組織內執掌的內容。

丁窈窕第二次被捕時已有身孕，入獄不久產下女嬰，她與施水環一同在軍法處的「縫衣廠」勞動車衣。郭振純則於一九五三年被捕，兩人在獄中巧遇，丁窈窕知道自己死罪難逃，便趁兩人在醫護室相遇時，捏了自己的女兒，以女兒的哭聲掩蓋兩人的對話聲，丁窈窕告訴郭振純，明天會在放封處的樹下，留下一個新樂園香菸紙盒。隔天，郭振純在放封時，果然在樹下發現新樂園的香菸紙盒，而裡面有丁窈窕寫下的訣別話語與一撮頭髮。

一九五六年七月二十四日，軍法處以「特別接見」點名丁窈窕，她走出牢房後立刻被上銬，女兒一直哭鬧，交給同房難友，最後由丈夫將女兒帶回，才知道丁窈窕被槍決。一九七五年，蔣介石過世，郭振純特赦減刑，出獄後，他將丁窈窕的頭髮埋在台南女中校園內的金龜樹下，以告慰她在天之靈。

二〇一九年，促轉會公布：撤銷丁窈窕「意圖以非法之方法顛覆政府而著手實行」死刑的有罪判決。

畫花人

呵啊…
今天要畫什麼啊，老婆？
買了洋柑菊給你畫呢。
哦，真難得啊，好久沒畫花了！
真新鮮啊！
最近看你都在寫過年的春聯和字帖，
想說你應該膩了呢。
沙
是啊，過年前總是特別忙呢。
叮咚
誰啊，這麼早。

歐陽先生
抱歉這麼早來打擾…
不過，你知道嗎？
你太太張常美是政治犯呢。
呵呵…
…
我知道啊
我也是政治犯，
我們二十四小時都會待在這，你隨時可以來查。

僅是一句話，
就能夠瞬間將我們帶回…
那座遙遠的火燒島上。

我姓歐陽，名劍華。
招募 熱血青年
在中國是孤兒，聽其他人說來台灣會有好的發展，就跟著來。
後來真的到金門小學，當老師兼校長。
打倒萬惡共匪！
蔣委員長是世界的偉人！民族救星！
你不要一直講這個，
小學生聽不懂，而且要是蔣先生真那麼偉大，怎整個大陸都丟了？
這人思想不正！感訓教育三年！
喂？俺不過就說一句話而已啊！

關在獄中時，
我利用午休畫下
大家的日常作息。
後來出獄時，
也會回想獄中
的事情與情景，
盡可能地畫下來。

坐了三年牢後，一再以為感訓很快可以出獄…
要有兩個保人來保你才准走！
什麼？我當初是跟蔣委員長一起從大陸過來的，在台灣哪來認識的人呢！
那你自個兒想辦法吧！
啥…
於是，我又在獄中多蹲了數年…
而當我在火燒島看見她時，我很清楚知道…
她是我離開這裡的希望。
振筆疾書

哎唷常美又收到情書了呢！
好受歡迎呢常美！
還來！
這個外省人字寫得很好看呢！
呵呵。
為了出獄，我還做了許多努力。
恭賀蔣委員長歡度大壽！
萬壽無疆！福星高照！
我特別寫了一篇文章來給蔣委員長慶祝，請聽我一番心意：
偉大的蔣委員長啊，您乃中華民族的救星，偉人的誕生對國家民族有著絕大的影響…
他們說我思想有進步，加上友人幫忙作保，才終於出現曙光。

歐陽先生又給妳情書了？
常美
我日本的友人願意爲我作保，只要再找一個人就行了。
我希望能先出去等
，爲我們未來作準
他真的很認真耶！
嗯…
聽說沒人保他，所以本來只要蹲三年，卻到現在還出不去
雖然是個外省人，不過怪可憐的
他個性還行吧？感覺人古意古意的
如果真的在一起絕對不敢亂來吧哈哈！
最重要的，他不是也跟我們一樣…
會唱新生之歌嗎？
…沒錯。

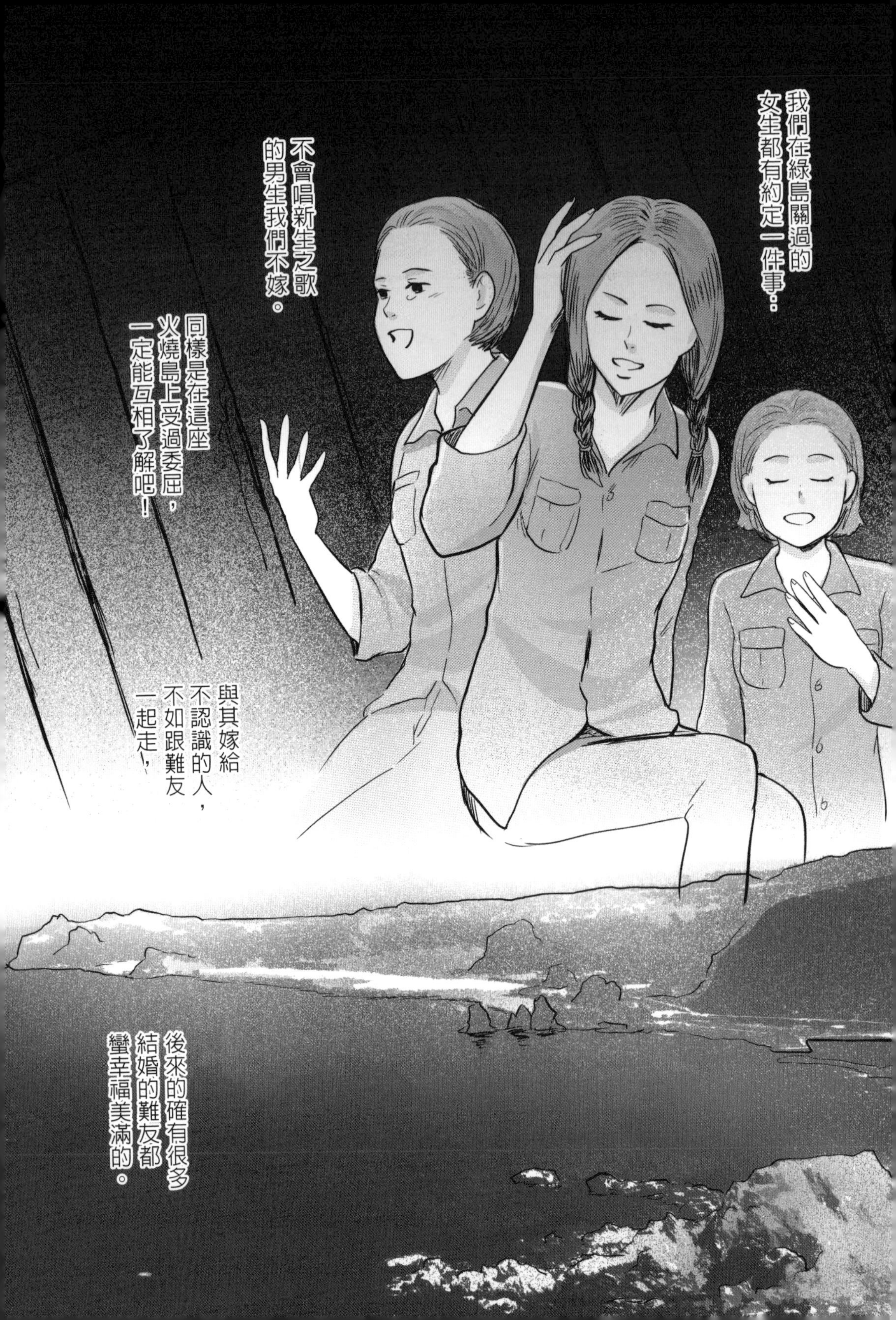
我們在綠島關過的
女生都有約定一件事：
不會唱新生之歌
的男生我們不嫁。
同樣是在這座
火燒島上受過委屈，
一定能互相了解吧！
與其嫁給
不認識的人，
不如跟難友
一起走，
後來的確有很多
結婚的難友都
蠻幸福美滿的。

啊
欸！有那麼難吃嗎？
不是，很好吃…
那你怎麼哭啦？
因為這是我第一次吃到家中煮的飯…
費盡千辛萬苦，我總算與常美結了婚，首次有了家人。

為了家計，我什麼都做，
Si-So-Mi
樂隊，畫帖寫書法字，工廠幫忙，
甚至做招牌，只要能賺錢養家，但是…
林 代 書
這個月薪水也先欠著吧。
怎麼這樣…
我已經兩個月沒領到薪水了啊！而且要過年了要用錢啊！
不行不行，過完年再給你薪水，不然你跑了就沒人做！
但我們家沒錢要怎麼過年？
不行啦老闆…
過完年你再來領錢啦！
老闆咬定我們政治犯不好找工作，給低薪，又拖欠薪水，
一開始真的很不好過。

還有三天兩頭就上門找麻煩的管區…
歐陽先生…
請注意您和您太太的言行舉止，您知道自己是什麼身份吧？
任何事情都要小心點才好哪。

啊
我來拿春聯！
我也是。
寫好了寫好了！
您看看如何？
啊太好了！
歐陽先生的字真的很漂亮呢！
就是說啊
打掃完後貼上春聯就能過年了！
不好意思，還有空能幫我寫對門聯嗎？
劍華？
當然可以！
我剛好畫完這張了。

有什麼工作就儘管交給我吧！
完

03 張常美

張常美（一九三一年～），南投草屯人，高中時因參與學校自治會，受到牽連，以「台中地區工委會張伯哲等人案」被判處有期徒刑十二年。

張常美的父母親經營布店，家境小康。她先後就讀草屯公學校及台中商職，二戰期間，時常要躲空襲。戰後國民政府接管台灣，張常美在日常生活中仍使用台語與日語，中文還在學習中，學校的課業維持在前幾名，因此被選爲自治會會員。

一九五〇年四月十日，張常美被帶去校長室問話，隨即被兩名陌生人帶走，與一群同學關在一起。隔天被上手銬帶上火車前往台北保密局，被關押在五人一間的牢房，她時常聽到男生被刑求的慘叫聲。在保密局一天只能吃兩餐，一開始什麼都不問，直到十幾天後的三更半夜，才被問話，特務試圖套出自治會的事情。張常美堅決否認自己與共產黨有關，她認爲自治會只是學校的集會，自己遭到牽連，非常無辜。她以「參加叛亂組織」罪名被起訴，只被訊問過一次，卻判刑十二年。

張常美輾轉被移送到許多地方：高砂鐵工廠、軍法處、台北監獄、台南監獄。一九五三年，她被送往綠島台灣省警備總司令部新生訓導處。相對於關押在台灣的各地監獄，在綠島，能夠到流麻溝洗衣、挑水，在上課之外，有時還有排戲的牢獄生活。

張常美未來的丈夫歐陽劍華，與張常美同船被送到綠島，在船上，歐陽劍華對張常美留下深刻印象。張常美因「綠島再叛亂案」先行被遣送回台，隨後歐陽劍華也被送回土城生教所，兩人再度重逢。

兩人因張常美的斗笠而開始通信，張常美一開始還緊張的想「洗掉」信件，因當初在綠島時就是有人私下寫信給她而被問話，張常美餘悸猶存。當時生教所主任分別約談兩人，得知兩人只是在傳情書時，囑咐他們「不要談起政治問題」，就對他們兩人睜一隻眼閉一隻眼。

兩人經過多次傳情後，歐陽劍華下定決心要先出獄等張常美。歐陽劍華在生教所積極上課、唱國歌、歌頌蔣介石，拍盡馬屁讓生教所人員認爲他思想有進步，最終成功找到保人順利出獄。

出獄後兩人結婚，歐陽劍華吃苦耐勞，勤寫書法字畫，到禮品工廠工作，製作廣告招牌及代書業務，甚至擔任康樂樂隊等工作，夫妻兩人度過一段非常艱苦的日子。後來，歐陽劍華獨到的創作作品外銷至日本，聲名大噪，清苦生活漸漸邁向小康，兩人育有一女三子，平安成長，專業有成。

歐陽劍華在張常美的陪伴下於二〇一一年安詳離世。

二〇一八年，促轉會公布：撤銷張常美被羅織入獄「參加叛亂之組織」刑事有罪判決。

春筍與秋竹

馬場町⋯⋯就是這裡嗎？
爸爸被槍決的地方⋯⋯
您說您在這守護著我們。

你說你宗尚共產黨的理想。
爸爸，你在看什麼？
我在看關於進步的書，
能夠改變時代，跟這個社會。
我的死亡是寒冬，接著春天就會到來。
如竹筍剝皮般，是成長的前兆。

總算出獄了⋯⋯
這是我們家啊！你們才該出去吧！
這些共匪。
收留了只會惹麻煩！
有一天，女性將不需要再仰賴男人，能夠獨立自主地過生活。
妳父親是共產黨員⋯⋯
怎麼不早說呢？
在下個社會裡，
妳們應該毫不客氣地甩脫這種壓力。

說得那樣美好…
但現實並不是小說啊，爸爸。
唉，我跟A社的王董說了一早上，還是沒拿到贊助。
A社很大尾啊，那也沒辦法。
大家！我拿到A社的贊助了！
剛剛中午跟王董吃個飯就談成啦！
！
……！
王董！為什麼你要這樣傷害一個認真女孩的自尊？
是因為看我太年輕嗎？
妳是個認真的孩子，不是我看不起妳，不給妳廣告…
是妳同事拿出了這張名片給我…
XXX
……！

妳們未來一定能有平等的地位與男性平起平坐。
老家被特務佔據不還，
業績被一張黨證搶去。
平等？春天會來？
爸爸，現在只是另一個寒冬而已啊。

爸爸，您若自比是冬天埋藏於土中的筍。
一定不懂竹枝被春雪凍傷的痛吧！
白日出來後，融化的雪水更是寒冷刺骨啊！

唯一您說中的，
只有女兒能生活獨立自主，不必靠人臉色過活。
馬場町紀念公園
但並不是像您期待那般社會的進步所至，
而是被現實逼得必須自立自強。

如果現實的寒冬
能像四季一樣…
冬去春來，
就好了。

期待下批春筍破土時，
能迎來真正的春天。
黃秋爽
完

04 黃秋爽

黃秋爽（一九三一年～），台北人。父親黃天因私藏台共幹部簡吉，被以「藏匿叛徒」判處死刑，一家多人被抓。年僅十九歲的黃秋爽被以「明知爲匪諜而不告密檢舉」遭判處一年有期徒刑。

黃秋爽八歲就讀永樂公學校一年級，升學就讀蓬萊高等科時，正值二戰末期，她曾回彰化老家躲避空襲，二戰結束後回到台北就讀靜修女中，曾跟隨蔡瑞月學過芭蕾舞。

黃秋爽的父親與母親是從小的媒妁之言而結爲夫妻，兩人的學歷程度落差太大。父親黃天從台中一中畢業後，曾至福岡就讀高中，後進入東京早稻田大學就讀，之後回台結婚生子。從小就是公子哥個性的黃天，喜歡閱讀世界文學、社會主義書籍，喜愛打獵及玩汽車，在高中時就接觸農民運動思想。

黃天回台結婚後，一家人住在中山北路二段的獨棟房子，他進到總督府上班，但戰後卻被國民黨政府解雇，只好自我摸索如何做生意。但他不是做生意的料，事業一直沒有很順利。黃天這時把朋友介紹的簡吉留住家中，簡吉時常管東管西，他跟黃天討論事情時，會要「小孩子不要聽」，他還限制父親不能跟母親一起睡，黃秋爽受不了家裡多一張吃飯的嘴，便把簡吉趕走了。

一九五〇年四月二十四日的半夜，國民黨特務闖入黃秋爽家中，把除了父親之外的人，包含母親、黃秋爽、大妹、弟弟、小妹及兩歲的外甥都抓去保密局。而父親則是之後回到家中，因家中的狗對父親搖尾巴，而被埋伏在黃家的特務判斷爲黃天本人，因而遭到抓捕。

黃天在保密局遭受非人道的刑求與虐待，黃秋爽曾看見在牢外滿身是血且奄奄一息的父親，隨後黃天被以「一九五〇年三月奉簡吉之命前往香港送信及彙報台灣匪黨組織情形」一事，與「窩藏簡吉在家掩護其工作」遭判「藏匿叛徒辦處無期徒刑」，十一月上簽到蔣介石，卻直接被改處死刑，十二月十九日隨即於馬場町遭到槍斃。

黃秋爽一家人輾轉從保密局、高砂鐵工廠、刑警總隊再被移送到軍法處，耗時約九個月。出獄後，返回中山北路上的房子時，才發覺房子居然被保密局的特務侵占了，不歸還給黃家，因此母親便帶著一家人返回彰化溪州老家。而判決書隔了快半世紀，才由黃秋爽本人申請後才拿到。

一家人從彰化搬回台北，黃秋爽與大妹一同擔起家計。自從出獄後，一直都有特務跟蹤及騷擾與壓迫，不管是租屋或是找工作，常有特務會去向房東及老闆打小報告，因而導致黃秋爽被辭退或一家人被趕走的事情發生。但是，黃秋爽不氣餒找了許多工作努力養家，她從皮鞋店店員、布莊店員、食品行店員、出版社廣告業務、藥品業務、東西藥品房店員、兆豐報關行員、藥品送貨員、藥品批發商業務員、台灣三井職員……，陸續做了許多的工作，最後自己開了和光紙盒工廠，之後認識了未來的先生，兩人結婚後，育有一女兩子。

黃秋爽一直覺得自己是「灰姑娘」，坎坷命運，看著父親的遺書寫著：「**我之死恰如竹筍剝皮一般，是妳們成長的前兆，也是社會進化的搖籃。如將我的死亡比喻爲極寒冷的冬天，接著要來的應該是春天。**」黃秋爽至今還是覺得這只是父親對未來美好的想像，父親安慰自己罷了。

二〇一八年，促轉會公布：撤銷黃秋爽「明知爲匪諜而不告密檢舉」的刑事有罪判決。

第三種語言

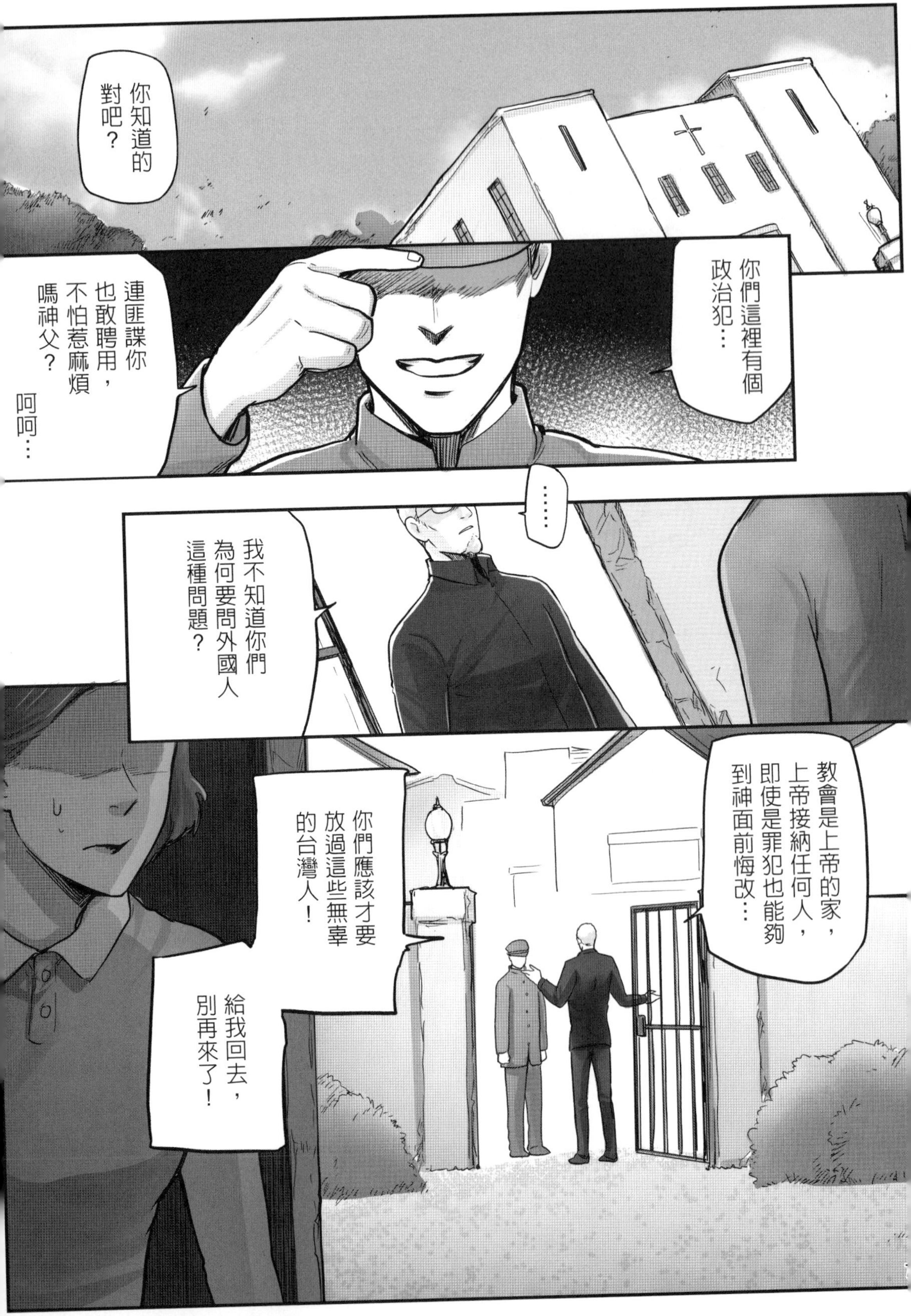
你知道的對吧？
你們這裡有個政治犯…
連匪諜你也敢聘用，不怕惹麻煩嗎神父？
呵呵…
……
我不知道你們為何要問外國人這種問題？
教會是上帝的家，上帝接納任何人，即使是罪犯也能夠到神面前悔改…
你們應該才要放過這些無辜的台灣人！
給我回去，別再來了！

聽到沒？別再來了！來一次我罵一次！GET OUT！
真是的，這些老鼠，
兩三天就來找一次麻煩。
沒事了，出來吧！
Mrs.張
神父…對不起。
張金杏（32）

沒關係，小事小事！妳不要怕。
他們再來的話我就會叫他們GET OUT！
我們進去繼續上課吧
神父…
如果你會害怕、後悔找我幫忙的話…
那段往事，
就告訴我吧！
…畢竟我是個被關了十二年的政治犯！
如果你想叫我先回家休息的話也是可以理解的！
如特務般尾隨著我，怎麼樣也揮之不去…

我出生於昭和七年（一九三二）的彰化，讀員林國小。
我從小就穿皮鞋去上課，
日本老師們都很疼我，免費幫我下課後補習。
我當了六年班長，那時我就認為，
一定要追求學問才會有前途。

畢業後，國民政府來台，我到員林國小任教，
反共復國
殺豬拔毛
王老師！你怎麼可以拿錢作這種事！
糟糕…
我們不是教育者嗎？
少管閒事…！
不過因為我個性比較仗義執言，
可能因此得罪人，被檢舉。
帶妳去問個話而已，馬上回來。

這一問，就
再也沒能回來。
報告上寫妳看過
《羣衆》這本書對吧？
有什麼感想？
寫得很對啊，
你們應該要改改。
人家怎麼寫妳就感動？
妳是反動份子！
思想有問題，要關！
坐牢十二年，
去過遙遠的火燒島，
還有很多地方。
直到重獲
自由那天。
父親已逝，
少女也成了
少婦。
真是不好意思…

我們最近沒那麼缺人手
不然這樣好了，
妳先回去休息一陣子好啦？之後有工作時我們再通知妳來。
拜託啦！歹勢歹勢。
……不用麻煩了。
背負著莫名的罪名坐完冤獄、工作又處處碰壁。
一再地被辭退讓人心灰意冷又挫敗。

我只能到處幫忙作雜工…
最近小孩子越來越多了啊，人手不夠呢…
是啊，信徒也增加了，但我還是說不好台語。
需要找個人來教我台語才行呢！
！
不好意思，請問我可以教你台語嗎！
以前家中都是說台語，而且我當過老師。
!!
妳當過老師？
這條件很好的，我當然樂意！
可是妳一個老師怎麼會在這裡幫忙打掃呢？
……！

我是政治犯。
！
我從沒做過虧心事，卻坐了十二年的牢，只因為他們說我思想有問題…
我讀書時老師們都很喜歡我，說我很優秀，
但是現在大家一聽到我是政治犯就沒人敢用…
神父，我可以教你台語，但是你如果怕我的身份惹麻煩的話就不要用我！
我受不了一次次被污辱的傷害…
我不想再受傷了！

無須懼怕，孩子，
！
耶穌基督就是為了拯救罪人而犧牲，
教會不會排斥罪人。
更何況是時代給你們加上的罪。
我們以前也收過一個政治犯，
請放心地教我台語，讓我傳教更順利吧。
我也想學英語，可以教我嗎？
當然可以！我們互相交換語言學習吧！

我一開始就說過，我並不擔心妳的身份，
儘管放心！看到我剛剛怎麼罵他們了嗎？國民黨不敢對外國人怎樣的！
而且，難道妳甘願下半輩子都走不出他們的陰影嗎？
…不！
這就對了，我們該進去繼續學習了。
好的！

我從神父那學英文，
have
had
他也開補習班教學生英文，找我一起幫忙。
Doll?
我教他台語作為回報。
我還跑去長老教會學白話字，
日文，英文還是羅馬字我都學。
經過挫折和打擊，我依然深信只有學問能幫我走出來。

被檢舉後不能回學校教書，那我就開補習班繼續教，
靠著自己的語言，拼出一條路來。
我想證明…
說我是政治犯，我就做給他們看，
絕對要走出來給他們看，台灣人沒有這麼容易被打倒。
張金杏
完

05 張金杏

張金杏（一九三二年～），彰化人。因「台中地區工委會張伯哲等人案」受到牽連，以「參加叛亂之組織」被判處十二年有期徒刑。

她小學就讀員林女子公學校，後來考上彰女；因二戰爆發，全家搬遷至龍井躲避空襲，之後再搬至大肚。張金杏從彰女畢業後就到大肚國小任教。

一九五〇年三月十九日，兩名穿中山裝的人闖入學校直接帶走張金杏，到了台中鐵路警察局後，跟三十幾名台中地區學校的學生關在一起，她也在那邊初次見到她未來的丈夫，同是白色恐怖難友的江順濱。之後他們連夜坐火車被帶到台北保密局牢房，那裡的環境惡劣且食物不足。常聽到半夜問案的行刑毆打哀號聲，許多人被打斷腿、灌辣椒水，不僅皮開肉綻，手腳腫漲，指甲也整個翻起來，連拿筷子吃飯都是問題。

張金杏因被指控看了《羣眾》一書，被認爲有反動思想，張金杏氣憤地回說：「裡面寫得很對啊，你們要改啊！」，她曾被送往桃園大園、台北軍法處、台北監獄、台南監獄等地，一九五二年被送到綠島。

一船三百多人航向綠島，開始了綠島女生分隊的生活。穿軍鞋、穿過大的衣服、上下舖生活、種菜、抬屎、抬水，每天要集合開早會，被迫演反共復國的戲碼，被逼參加合唱團、運動會。一九五三年，時任總政治部主任的蔣經國視察綠島，張金杏被拍進紀錄片，她的父親還進戲院看了好幾次。一九五四年，張金杏被移送到土城生教所，每天上課、寫報告、小組討論，並且被分派勞役與種高麗菜等。張金杏也被分配到生教所托兒所帶小孩，當中有政治犯與訓導員的小孩。張金杏在一九六二年出獄，然而她父親在她出獄前就病逝了。

張金杏出獄後隔年就與江順濱結婚，丈夫與難友投資化學工廠，她原本預計做會計工作，但都被辭退。張金杏後來選擇開補習班，教日文。後來因緣際會認識了想學台語的天主教神父，也教神父台語、而神父教張金杏英文，張金杏甚至還去長老教會學習白話字。

之後張金杏不僅學會英文、數學，考上國中英語科老師資格，補習班一路增設了國一、國二、國三班，一路延伸到高三班，她把時間與精力都花在補習班上。

江順濱不幸於一九八四年得了肺癌去世，張金杏持續扶養小孩長大，補習班事業持續了三十年，在七十歲時結束補習班，生活重心放在中華倫理研究學會上，到處去演講、當翻譯，甚至還成立了寡婦聯誼會。

二〇一八年，促轉會公布：撤銷張金杏「參加叛亂之組織」刑事有罪判決。

外面來的女人

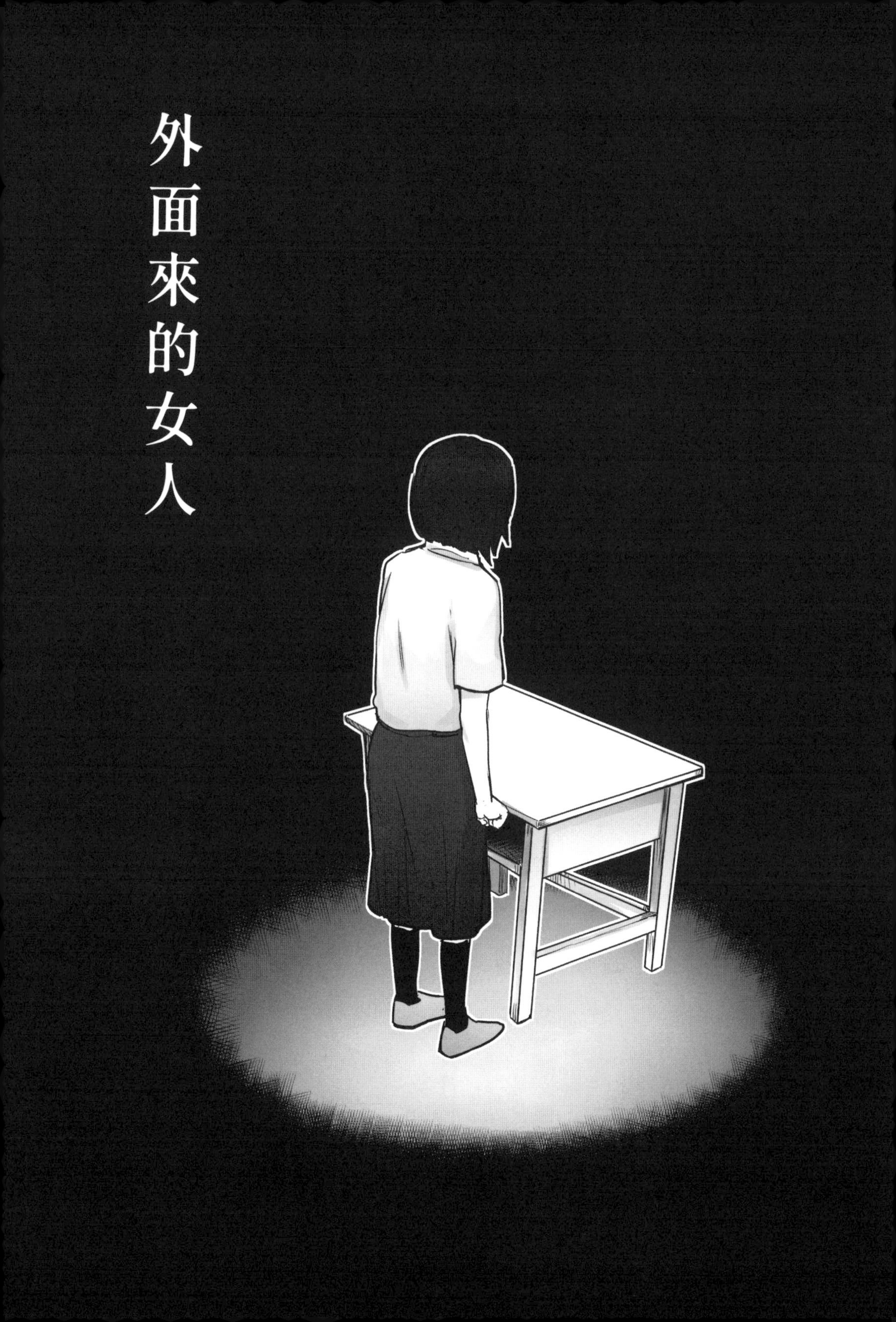

陳[redacted]
先別上課了，來教官室一下。
大家請專心上課，
好好讀書，不要像陳[redacted]同學一樣當個賣國賊！

有人看到妳昨天在跟某位同學說話，
妳跟他說了什麼？
沒有，我沒有跟任何人說話。
教官也不是故意刁難妳，但妳要老實。
畢竟妳媽是誰大家都知道，
最近家裡有誰來拜訪她？為什麼校長讓她繼續教書？
我不知道。
妳怎麼可能不知道妳媽媽跟誰見面？
我不知道。
為什麼那女人做的事要連累我？
又不是我做的，是她，是她！

喀
賣國賊回來了。
小聲點會被聽到告密喔。
她媽媽之前在火燒島關了好幾年的樣子。
可不是，
那女人…
要是跟她說話會被關切的。
好討厭喔！
要是…
為什麼賣國賊還有臉敢來學校上課啊？
就是說啊，哈哈！
那個女人沒有突然出現就好了！

從小我就是由爸爸跟奶奶帶大。
鄰居也以為我是單親而特別疼愛我，
給妳糖。
謝謝叔叔！
大家都對我很好，我很快樂。
直到有一天…
媽媽回來了！

媽媽好想妳！
妳長這麼大了！
她是誰？
對不起沒能
陪在妳身邊！
對不起！
我的世界只有
爸爸跟奶奶，
我不知道這個
女人是誰？
我只知道
我原本快樂的世界
以高速離我遠去。

閃開啦！
為什麼⋯
妳以後不准再跟我們一起玩！
怎麼⋯
我們不是好朋友嗎？
閉嘴啦！妳想害死我們嗎？
妳離我家兒子遠一點！
來校長室！
妳媽有沒有出門去哪？
有誰來過家裡？快說！

為什麼要罵我？
都是她
自從那女人突然冒出來以後，
我就像是代罪羔羊一樣被叫來罵去
即使我根本什麼也沒作
爸爸本來是我一個人的
離爸爸遠一點妳這女人。
妳毀了我的生活還要把爸爸給搶走嗎？
為什麼妳還能笑得出來

生日快樂，
這是媽媽想送給妳的生日禮物，
希望妳會喜歡，
我找了很久才買到精裝版呢。
03
簡愛

我才不要！
?!
什麼啊……
看什麼書啊！
就這麼喜歡看書嗎？
……？
妳根本不知道妳把我害得有多慘吧？
沒人敢跟我說話…教官校長輪流叫我去辦公室罵，
明明什麼都沒做卻要被當成罪犯……！
全都因為妳，還有妳的書！都是妳！

我
我才不要外面來的女人送的東西！
妳給我出去！滾出去啊！
嗚嗚
我被欺負的這麼慘都是因為妳，出去！快點出去！
嗚嗚
都是妳這個外面來的女人害的…
嗚

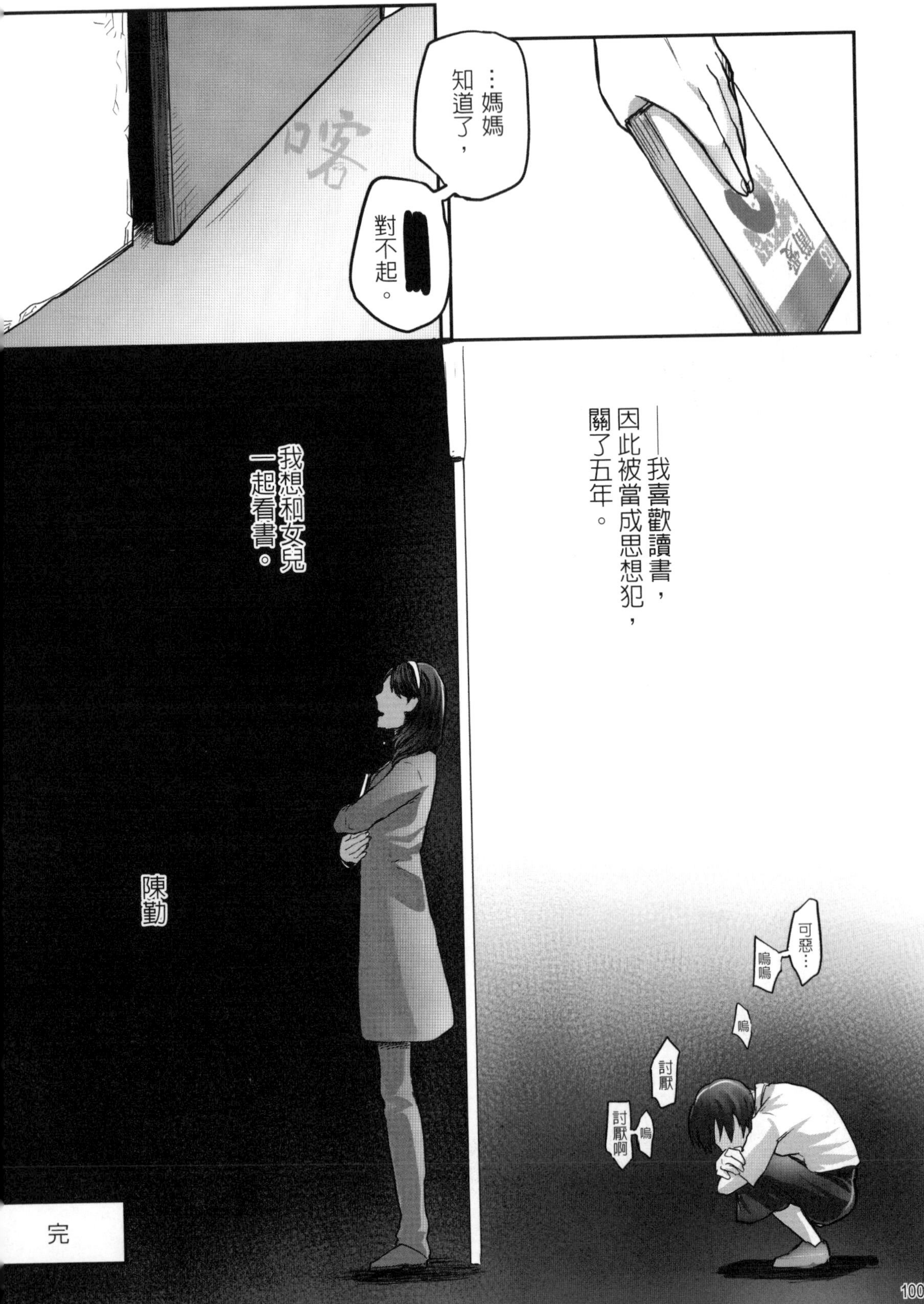
…媽媽知道了，
喀
對不起，[redacted]。
——我喜歡讀書，因此被當成思想犯，關了五年。
可惡…
嗚嗚
嗚
討厭
嗚
討厭啊
——我想和女兒一起看書。
陳勤
完

06 陳勤

陳勤（一九二二年～二〇一七年），台北人。以涉入「台北市工作委員會郭琇琮案」，遭判刑五年。

她小學就讀蓬萊公學校，一九三四年考上第三高女，四年後畢業到講習班任教，之後輾轉到幼兒保育園任教，再到宮前國民學校任教（現今的台北市中山國小）。一九四四年經歷過台北大空襲，一九四七年歷經二二八事件，陳勤調任至福星國小。戰後台灣省交響樂團成立，陳勤應考後錄取參加了合唱團，此外她也負責學校合唱團的教唱。在福星國小任教期間，因第三高女校友林雪嬌來借場地，兩人開始接觸，期間林雪嬌跟郭琇琮試圖吸收陳勤，但陳勤沒有答應，兩人後來也斷了音訊。之後陳勤結婚，先生則是在台北縣政府工作。

一九五〇年五月十三日，陳勤被憲兵帶去校長室問話，隨即被帶離學校，送往保密局南所。關押在幽暗的牢房內，放封期間，陳勤遇見了林雪嬌，林雪嬌非常訝異會在這裡看見陳勤，只說了：「我沒有講到妳，妳沒有事。」。六月，陳勤被送往保密局北所，簡陋的牢房關押了三十幾人。北所審訊期間，陳勤漸漸知道案情，但同案的人她只認識林雪嬌，後來與林雪嬌同房後，林才說：「我必須跟法官說我們是三人小組，郭琇琮才會獲救。」，但陳勤根本跟郭琇琮不曾見過面。

七月，陳勤感受到胎動，爲了嬰兒，她忍痛吞下臭酸的飯菜，八月她被移送軍法處，陳勤的家人才知道她的下落，十一月她請求交保待產獲准，出獄坐月子時，陳勤才知道自己被判刑五年，也才知道郭琇琮十二月就遭槍斃了。

一九五一年一月，陳勤帶著女嬰回台北監獄女監報到，獄中生活雖然困苦，但獄友都善待小孩，北監教化科長也秉持人道精神：「大人有罪，小孩無罪」，只要陳勤守規矩，就會特別照顧她的小孩。女兒在牢裡將近一年後，陳勤才讓先生帶回家撫養。

一九五三年陳勤被移送綠島，展開綠島女生分隊的生活。過大的囚衣、像土匪裝一樣的棉襖、軍隊式的生活管理、上不完的無趣課程、挑水、挑糞，還有一個禮拜一次的精神喊話，內容不外乎「三民主義萬歲」、「打倒俄寇、反共產！」等等言論。

一九五四年，陳勤被送回生產教育實驗所，除了上課就是種菜，還被管教自身的內務檢查，生教所的幹事時常威脅著做不好就會延遲出獄時間。直到一九五五年時，陳勤才出獄重獲自由。出獄後的陳勤重拾教職，回到教育崗位，到了龍山國小任教，然而因陳勤的身份，常被刁難，考績始終是乙等。而她的小孩在學校也被同學斥責爲「被關牢獄的小孩」，常被嘲笑，甚至被拳打腳踢。陳勤後續又生了四個小孩，但她始終對大女兒陪坐黑牢相當虧欠，然而陳勤曾說：「如果沒有女兒，她沒辦法在監獄支撐這麼久。」

二〇一七年，陳勤以高齡九十六歲逝世。二〇一八年時，促轉會公布：撤銷陳勤「參加叛亂之組織」刑事有罪判決。

床畔的照片

呼
呼
呼
呼
鈴鈴鈴
是，我是藍張阿冬。
隔壁村嗎？剛開始嗎？好，
我馬上過去。
沙
媽媽要出去幫人接生，應該會晚點回來。
你們先把功課寫完，桌上有剩下的午餐熱一下當晚餐知道嗎？
知道。

我的媽媽是個助產士，
即使是颱風天，一通電話她就會立刻出門，
除了接生以外，她也會去為人打針、送藥，
看著她在風雨中努力踩著腳踏車前進的背影，
我的心總是一陣陣地痛著。
如果爸爸還在的話，會不會她就不用這麼辛苦了呢？
我不知道，因為媽媽從來都沒提起過爸爸的事情。
我不知道他是什麼樣的人，做著什麼樣的工作。

一直到我們兄妹兩都長大，成家立業後⋯⋯
我要幫我媽媽申請良民證。
謝阿冬
媽媽怎麼姓謝？
這個發現像是火種一樣，點燃我的好奇心，
媽媽幾乎不提過去，對爸爸更是隻字不題。
但她明明將爸爸的照片放在床頭，一定很愛他吧？
我覺得這太奇怪了，因此開始找尋起媽媽不願提起的過去。

原來妳就是我失聯媽媽的孩子…我是妳同母異父的姊姊！
意外地見到了從不知道彼此存在的姊姊，
因此知道媽媽是個童養媳，
不情願地嫁給養父母的兒子，
因為毫無感情，丈夫又不上進，所以逃家了！
真看不出媽這麼性情中人呢！
之後我繼續追查下去，
一切都是從她陪朋友去相親開始…

這位就是我朋友，藍明谷

……！
緣份就是這樣吧，就算繞了點路。
對的人還是會遇到彼此，
爸媽很快就陷入愛河，即使他小了她六歲，
與第一段婚姻完全不同，他們在短短一年內就結婚了，
啊，這些浪漫的故事我從來都不知道！

對父親的印象，不再停留於母親床頭的相片。
透過一張張解密的檔案，以及他人口中慢慢拼湊出清晰的形象。
我從國家檔案局找到了藍明谷的判決書檔案。
我也帶了些妳父親的資料。
訪談研究者
曹欽榮
妳父親是個很厲害的文學翻譯者。
尤其是魯迅的「故鄉」，他詮釋得很好。
我知道，前幾年有朋友跟我說過。
說來羞愧，家中雖然還放了幾本父親翻的書。

在父親被捕後，留下未完成的文稿恐怕被當作「犯罪」的證據，
便被匆促燒毀。
為黨愛國，注意身邊可疑份子！
加上當時政府這數十年來大力宣傳揪出匪諜緣故。
曾經我對未知的父親感到羞恥，甚至埋怨。
日本人壓迫我們台灣人，同工卻不同酬實在不公！
我希望翻譯更多文學讓台灣人看，讓大家覺醒，
希望能用自己的長處改善台灣人的處境，得到平等待遇。
因為這份理想，他成了「叛亂犯」，最後失去性命，也拖累了家人。

芸若，妳父親是做什麼的呀？
！
我不知道！他很早就走了。
從小，這份帶著恐懼的羞恥始終讓我不敢觸碰禁忌的話題。
大家都不敢講一定有問題！
說了會出事！
叛亂犯！
不可以說，不可以問。
最好就這樣永遠消失。
黨外人士集結在總統府前…
要求廢除刑法一零一條…
又來了，這些黨外人士整天抗議不煩嗎？
廢除刑法！
對啊，吵什麼吵？
這些人就打著理想大旗到處添麻煩，一群自私的傢伙。
也不想想會不會拖累家人！
電視上的暴徒甚至逐漸與父親的形象同步，

我覺得是他把
媽媽害得這麼
辛苦，
但是，
媽媽在凝望
床頭的照片時，
笑得是那樣
溫柔且專注，
六十年來未曾
改變，好像您
未曾離開過。
爸爸，
媽媽是如此地
深愛著您，
您可知道？

過了四十四年，我才能透過檔案和他人轉述，
妳父親的才華很高，
日本研究魯迅的學者都想知道「故鄉」的翻譯者藍青到底是誰？
藍明谷
開始對您做的事情感到光榮，
在經過整整六十年塵封以後，
您離世前懷抱的悔恨與絕望，才能重見光明。
中國學者也非常推崇他的翻譯版本。
藍明谷

在得知媽媽
與我們被捕後，
冬~！
阿冬！
逃亡中的您到警局
自行投案時，
冬~
一定很想見媽媽
最後一面吧？

今天真的很感謝妳們願意接受我的採訪。
哪裡，我才要感謝你讓我認識我爸爸。
這些金山地瓜請務必帶回去品嚐！
媽，您今天講很多話呢
會不會累，我泡杯茶⋯

媽媽還是用
那樣溫柔的
目光望著爸爸。
望了整整
六十年。
都過這麼久了
還放不下？
原諒就好
了啊！
你們就是想
煽動仇恨啦！
誰能理解
這份哀愁
誰又能來實現
我們共同的願望…
冤屈得以撫平、
公義得以伸張？
藍張阿冬
藍芸若
完

07 藍張阿冬

藍張阿冬（一九一三年～二〇一三年），台北人。因「基隆市工委會鍾浩東等人案」受到牽連，遭逮捕，國民黨藉此逼迫丈夫藍明谷出來投案。

她一出生即被送往謝家當童養媳，蓬萊女子學校畢業後未再升學，成年後被迫結婚，對丈夫沒感情，後來選擇離婚。離婚後，藍張阿冬考上助產士。她先是在專賣局上班，曾經想去中國當翻譯，但遭養父母反對，因此作罷，後來又去日本人開的貿易公司上班。經朋友介紹認識了藍明谷，情投意合的兩人選擇在一九四六年結婚，一九四七年搬到基隆中學的宿舍，同年兒子藍健東出生，台灣爆發二二八事件。

二二八事件之後，藍明谷瞞著藍張阿冬投入地下社會改革運動，但在國民黨大力掃蕩下，藍明谷向藍張阿冬坦承自己的一切活動，就帶著全家開始躲避、逃亡，一九四八年，藍明谷一家人從基隆連夜逃回高雄岡山藍明谷的老家。一九四九年八月女兒藍芸若出生，他們後來才知道一九四九年秋天，很多憲兵前往基隆中學學校宿舍抓人。

藍明谷逃亡的日子，情治單位還是找到了高雄岡山的老家，藍明谷聽到風聲便趕緊從後門逃出。一九四九年十二月二十八日，情治單位在抓不到藍明谷的情況下，就直接把藍張阿冬、兩個未滿三歲的兒女、藍明谷的父親及藍明谷的眾多親友一起抓走，試圖逼迫藍明谷出面投案。

幾天過後，藍明谷眞的出面投案，卻只釋放除了藍張阿冬之外的親人，夫妻兩人被關押在高雄監獄的隔壁房，無法見面，也無法交談。隨後藍張阿冬被送往台北刑警隊、內湖新生總隊、保安司令部等地，最後被送到綠島，成爲第一批到綠島的女性政治犯。

藍張阿冬於一九五二年出獄後，在家中的神主牌看到藍明谷的名字，才知道藍明谷在一九五一年四月二十九日被槍決，屍體是由藍張阿冬的父親，去國防醫學院中的福馬林池子中撈起遺體，火化後帶回老家安葬。

出獄後的藍張阿冬扛起家計，全力扶養兩位小孩成長，早上到岡山醫院上班，下班後有助產士經驗的她，便當起產婆幫鄉里產婦接生賺外快，這全只是爲了兩位小孩的將來。女兒藍芸若年長後才漸漸知道父親的故事，因母親隻字不提父親，因緣際會下，女兒查起了父母親的過往，雖然女兒年少一樣有黨國思維，討厭黨外人士，電視上暴徒的形象與父親重疊，但藍芸若透過檔案解密與他人轉述，才得知父親藍明谷是多麼才華洋溢，她開始對父親所做的事情感到光榮。

縱使藍芸若覺得，母親一生所受的苦痛折磨，均源於父親當年爲實現自己的理想所導致，然而藍張阿冬對藍明谷的無怨無悔的愛與思念，早已包容了一切。

二〇一三年，藍張阿冬以高齡一百歲辭世，這或許是老天爺將藍明谷應有的壽命與福氣一併讓藍張阿冬幫他活了下去。

雁所捎來的妳

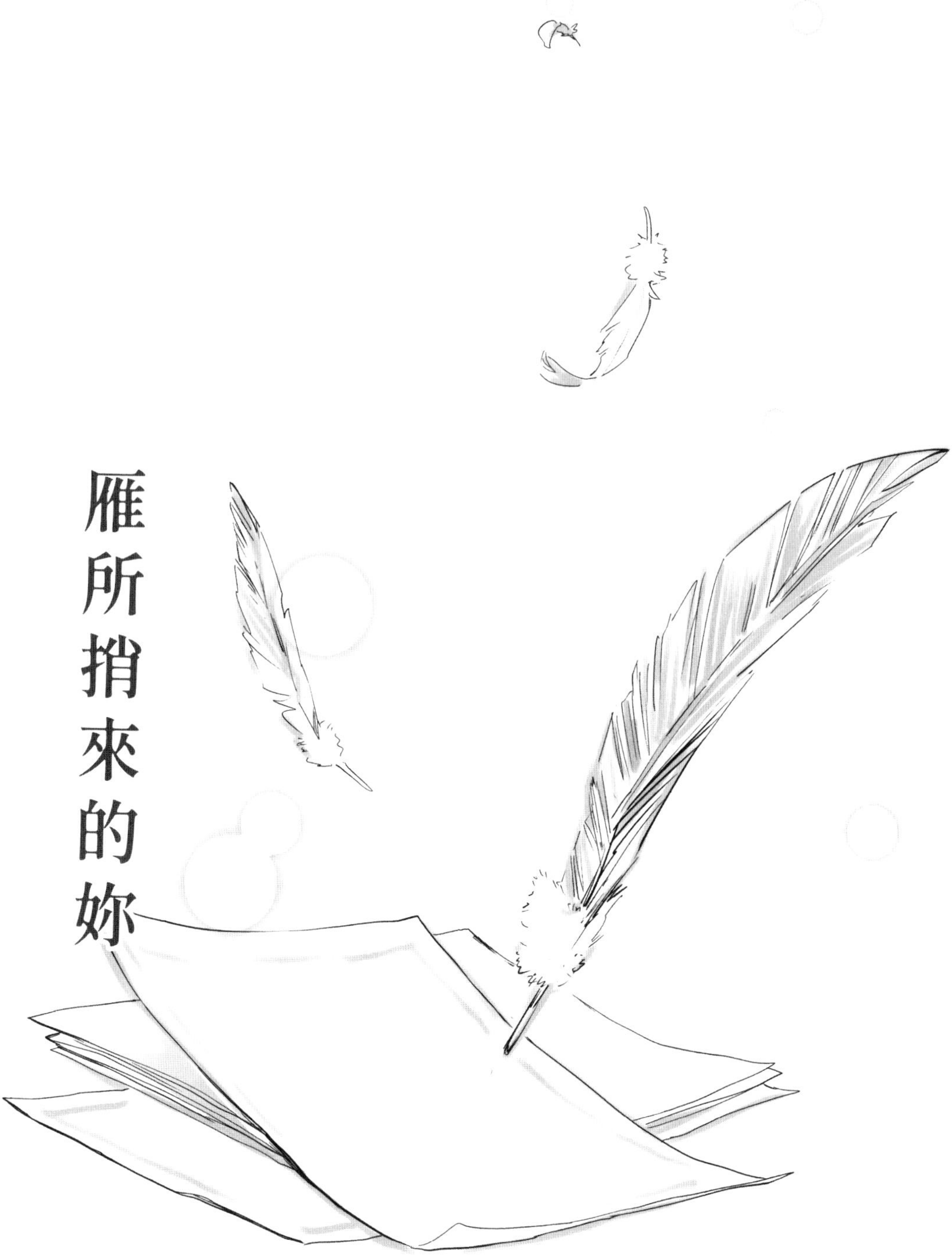

沙
台湾警備
軍法處

母親大人、親愛的姊姊，
台北的秋雨一陣陣冷了起來，在台南的您們一定會很不習慣的。
我的身體好多了，開始用您寄來的線料織起枕頭與毛巾，
天氣越來越寒冷，請一定要保重身體。
能夠給我寄來些藥品嗎？

我也想要熱水瓶，
這裡實在太寒冷了……
拜託了，也請保重身體
期盼團圓的那天早日來到。

女兒在這裡的生活意外地好，
身體健康，請勿掛念，
接到您的來信與包裹使我雀躍起來，
我們都不要失望，上帝一定會早日恢復我自由、還我們家清白的。

今日除夕，大家吃得很好
恭賀新禧
湯裡有許多白白的肥肉，
同房難友大家都對我很好，
可以多寄些信給我嗎？
一個月一封也好，我實在太掛念您了。

母親大人，
我看到軍法專刊上
寫像我這樣的人，
可以領生活補助費，
我寄申請書讓您
填寫，我也在所裡
幫忙縫紉工作，
最近也較吃得下，
不犯胃痛了，
謝謝您寄來芒果，
是我最愛的水果。

親愛的媽媽，
我好難過，
喘不過氣。
但我會努力不要
哭泣讓您擔心，
您也請別為了
我煩惱而憂慮。
沙
沙
有上帝同在，
我們身心都是
平安的。

天氣轉冷了，請好好保重玉體。
當我看見包裹中的雞蛋時，彷彿回到家鄉的院子裡，
雞鴨在灌木叢底下玩耍的美景⋯⋯
媽媽，您為何許久沒寄信來了？
莫非⋯⋯母親大人⋯⋯姊姊啊⋯⋯

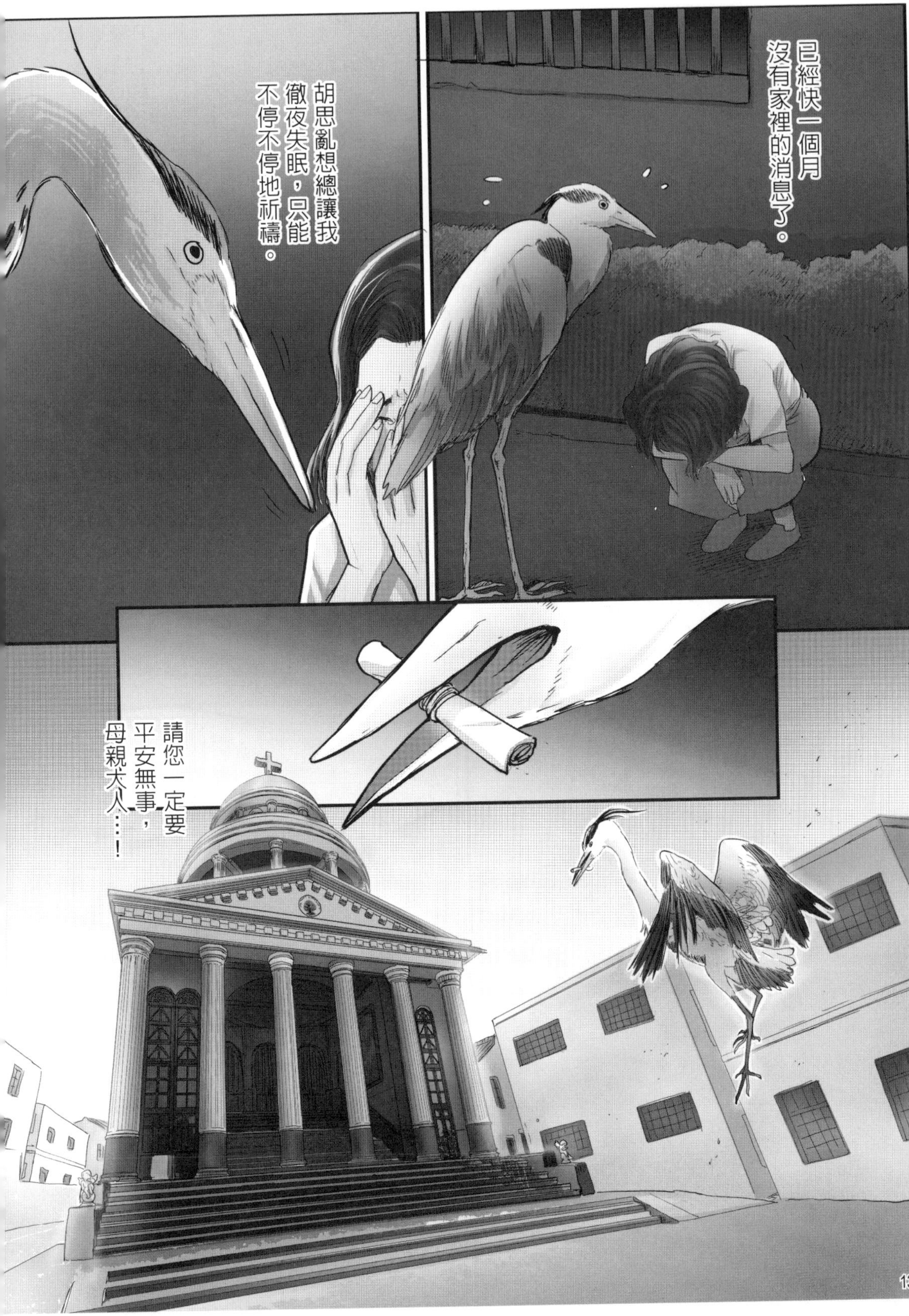
已經快一個月
沒有家裡的消息了。
胡思亂想總讓我
徹夜失眠，只能
不停不停地祈禱。
請您一定要
平安無事，
母親大人……！

啊，媽媽，您每天清晨到教堂為我祈禱，
姊姊妳也多寫些信，我想知道家裡的狀況，我也會不停地祈禱。
上帝一定會賜給我們闔家團圓的日子的！
A B C D E
F G H I J K
L M N O P Q
R S T U V
W X Y Z
媽媽您正在學習白話字嗎？
我的信都是弟弟讀給媽媽聽的嗎？
G
總有一天，媽媽能親自看我寫的信吧！
H
I

母親大人，
我的室友說
今天是母親節，
因此我將她送的
石竹桃花插在胸口，
來紀念我的慈母，
在記憶中，
我從未與您
分別這麼久過。
望上帝能
保佑……
……明年母親節時
我能在您身旁。

母親大人，我想和您走進永樂教會那美麗的聖殿，

您每天孜孜不倦地學習寫字。

là-ê 老父
lāi bú 老母
Góa 我
khiû-pi 厝邊
gû 牛
bó 某

我期待媽媽有天能親筆寫信給我。

媽媽做的樹子、鹹鴨蛋都是那麼好吃，即使身體微恙，也甚為欣慰。

母親大人，我的裁縫技術進步很多。
我每晚都祈求上帝的愛降臨，
思鄉之情忽然湧上心頭……
施水環，
我日夜嚮往之故鄉……
特別接見！
媽媽、姊姊，請您們千萬保重身體啊。

08 施水環

施水環（一九二五年～一九五六年），台南人。因私藏弟弟施至成[1]，與認識錢靜芝、丁窈窕等人，一九五四年以涉「台南市委會郵電支部案」被捕，囚禁於台北軍法處十九個月，於一九五六年七月二十四日被槍決於馬場町。

她就讀於台南實踐女學校，現今的國立台南家齊高中[2]，被捕時是台北郵電局職員。家中有姊姊施寶治，弟弟施至成，施水環排行老二。她相貌清秀，樂於照顧後輩。一九五二年，就讀台大農學院的弟弟施至成，因「台大支部案」受牽連，開始逃亡，施水環將其藏匿宿舍內的天花板長達兩年，後因遭人追捕，再度逃亡，至今行蹤成謎，恐已遭不測。

一九五四年，因於基隆郵電局職員陳興德被指控、傳訊，涉及的「台南市委會郵電支部案」案情如丁窈窕一案介紹所述。

施水環被捕後，在調查時遭到暴力對待，讓她的右眼受創而腫脹，且經常遭遇胃痛及失眠等身心狀態惡化情況。一九五四年十月一日起，她被監禁於軍法處，她與丁窈窕等被分配至設置於其中的「縫衣廠」勞動車衣。於軍法處期間，她謄寫了六十八封家書於筆記本中，家書中沒有批評政治、控訴國家；大半是家人問安、思念母親、請託寄來日用品之類。一九五四年十二月二十二日，她在獄中跟隨日夜思想著的母親，而改信基督教。基督信仰一直是支撐她在獄中的力量；她相信，公正的法律能賜給自己不受冤枉，她也總是這樣鼓勵著家人。

然而，最後一封家書寫於一九五六年七月二十二日，即爲槍決的前兩天。施水環根本不知道自己即將遭到槍決，書信中完全沒有臨死前的心境，只寫到日常的問候與對家人的思念，還有對自由的渴望，也來不及對世上的任何人道別。

二〇一八年時，促轉會公布：撤銷施水環「意圖以非法之方法顛覆政府而著手實行」死刑刑事有罪判決。

1. 依臉書粉專「地上台南─南山公墓」二〇二二年七月二十四日所發文，提及曾有施家後人表示施至成之名，依族譜所記載應為「施至誠」才正確。而有家齊社會科白恐地圖工作團及成大歷史系二十而立工作隊指出，經該團隊考證及查詢戶籍資料、學籍資料等，以及當年報紙所刊登台大生物農業學系的新生入學名單與判決書等資料，都記載為「施至成」。而目前可先將兩說並存，待日後有更多決定性的史料出土後，得以為衆人解惑。

2. 依臉書粉專「地上台南─南山公墓」二〇二二年七月二十四日所發文，已有家齊社會科白恐地圖工作團及成大歷史系二十而立工作隊考證查詢出施水環當時的高中學籍資料，施水環應是就讀於台南實踐女學校（一九三九年四月入學），而在一九四二年畢業時已更名為：台南家政女學校，即為現今的國立台南家齊高中。

大感謝
我是寧欣，感謝你購買此書並看到這裡。
這次的題材比較沈重呢！
流麻溝十五號
綠島女生分隊及其他
原本接到委託，要把這麼厚、內容又沈重的一本口述史給漫畫化真的是相當不知所措啊！
而且故事都相當漫長，
不可能每個人都畫很完整。
到底要怎麼交代每個人的受難過程？
無法用之前人物傳記一樣的處理方式。
因此初期給我相當大的壓力。
妳就將當它成自己的作品。

不要在意原來的故事有多複雜，妳吸收之後就化為自己的東西。
盡情地去創作吧！
曹欽榮老師
吸收以後，轉化為自己的作品嗎……
盡情地創作……
這麼厚重一本書裡有太多細節，太多故事，受難者的生命也不一樣。
的確，不放手去嘗試就無法好好呈現。
更說不出好故事。
短篇！
想盡辦法把每個短篇故事說得精彩吧！
因此，在曹前輩的開導下，不擅長短篇故事的我開始嘗試用一篇篇的短篇來繪製。
總算順利地完成了這次任務。

不過，在繪製這本書時還遇到沒想過的難題…
我其實體質有一點敏感，不過看不到啦…
曾經去沖繩參觀戰爭遺址時拖了一拖拉庫回來…
總感覺肩膀超沈重而且壓力莫名大。
後頸、背部和身體多處不停傳來被抓被搔的感覺。
只要一開始畫就會有各式各樣的干擾，
讓人相當不舒服。
最慘的狀況：可以透過文字與照片直接感受到衝擊。
不行，受難者怨氣太重了…
這樣下去根本沒辦法專心畫…
經紀人 韓璟
那就試試看配戴護身符吧！

噹噹！完成啦！108顆血舍利！
也開光好了，保證防禦大增！
友人爵爵是專業通靈人士
喔喔喔喔戴上之後真的有用耶完全不被干擾！
可以專心畫啦！
不過雖然發生了這種事，我還是相信此書中的主角們沒有惡意，只是冤死的怨氣實在太重而影響到我而已。
畢竟沒做啥事就被抓去槍斃誰不冤啊？
我畫這本時一直在聽藥師寺的佛經。
畫施水環時，因為她是基督教就聽基督教聖歌。
總之把精神防禦拉高就對了！

就算很不舒服，還是想要盡力地把這些鮮少人知道的故事講好。
讓更多人知道，不要忘記——
這一直是我畫轉型正義相關故事的心情。
這次真的學到了很多東西，尤其是在短篇節奏的掌握上成長許多。
綠島女生分隊及其他
是相當難忘的經驗。
不過可以的話還是希望能多畫點輕鬆的題材啦哈哈……
這體質超麻煩的。
感謝各界幫忙的前輩與單位，
再次感謝你購買此書！

國家圖書館出版品預行編目（CIP）資料

流麻溝十五號 = Untold herstory/ 蠢羊作 . -- 初版 . --
臺北市 : 前衛出版社 , 2022.09
面； 公分

ISBN 978-626-7076-58-3(平裝)

1.CST: 漫畫

947.41 111012568

流麻溝十五號

作　　者　蠢羊
執行編輯　張笠
文史審訂　曹欽榮
封面設計　chenhsuanan.design
美術編輯　Nico Chang

出 版 者　前衛出版社
10468 台北市中山區農安街153號4樓之3
電話：02-25865708 | 傳眞：02-25863758
郵撥帳號：05625551
購書・業務信箱：a4791@ms15.hinet.net
投稿・編輯信箱：avanguardbook@gmail.com
官方網站：http://www.avanguard.com.tw
出版總監　林文欽

法律顧問　陽光百合律師事務所
總 經 銷　紅螞蟻圖書有限公司
11494 台北市內湖區舊宗路二段121巷19號
電話：02-27953656 | 傳眞：02-27954100

出版日期　2022年12月初版二刷
定　　價　新台幣300元

ISBN：（平裝）9786267076583
（PDF）9786267076606
（E-Pub）9786267076590

*請上『前衛出版社』臉書專頁按讚，獲得更多書籍、活動資訊
https://www.facebook.com/AVANGUARDTaiwan